Achim Koch

# Ermittlungen gegen einen Autor

Ein Stück

viele Jahre nach dem Roman

„Das neue Manifest"

und vor der Erzählung

„G.R.A.S."

# Personen

| | |
|---|---|
| Claus Conrad | Kryptologe, Anfang 50, groß, hager, englischer Anzug, selbstbewusst und überlegt; auch Zeh genannt |
| Frank Kuschmann | Geschäftsführer von Filialen für Elektronikartikel; ehemaliger Stasi-Offizier; Anfang 50, groß, ein wenig dicklich, sportlich gekleidet; auch Michael Seidler oder Rainer Mewes genannt |
| Vera Vermehren | Geschäftsführerin der Fa. EcoPlan, Ende vierzig, italienischer Typ, geschmackvoll gekleidet, selbstbewusst, tot |
| Leif Korten | Arzt und Medizininformatiker, Anfang 30, dünn, blass, unauffällig, nachlässig gekleidet und relativ unwichtig |
| Autor | Autor, Anfang 60, Freizeitkleidung, etwas nachlässig, Objekt der Ermittlung |

## 1.Akt

Innen. Ein karg eingerichtetes Zimmer im zweiten Stock eines Mietshauses mit der Hausnummer 36. Tische, mehrere Stühle, leere Kartons, leere Wände, ein Fenster mit Gardine. Man sieht Blumentöpfe außen vor dem Fenster. Auf dem Fensterbrett stehen künstliche Zimmerblumen und eine nervende, silberne, japanische Wackelkatze. Im Raum Computer, Bildschirme, Kabel, gedämpftes Licht

Zeh, Kuschmann und Korten sind schon im Raum. Zeh und Kuschmann stehen am Fenster und sehen in eine Wohnung auf der gegenüber liegenden Straßenseite. Korten hackt auf einer Tastatur. Die Tür öffnet sich.

**Vera** etwas außer Atem

Meine Güte, ist es schwer hier herzukommen. Durch all die Hinterhöfe.

**Zeh** Durch die Haustür kannst du nicht. Er könnte dich erkennen.

**Vera** Ich glaube nicht, dass er eine so genaue Vorstellung darüber hat, wie ich aussehe.

**Kuschmann** Wissen wir aber nicht.

**Zeh** Einiges wissen wir immer noch nicht über ihn. Aber nicht mehr viel.

**Vera** Erstaunlich, dass Ihr nicht alles über ihn wisst bei all der Technik, die Ihr hier zur Verfügung habt.

**Kuschmann** Das hätten wir damals mal haben sollen.

**Vera**     Wer ist wir?

**Zeh**      Er hat für das MfS gearbeitet.

**Vera**

Wendet sich an Kuschmann.

> Sie waren bei der Stasi?

Vera wendet sich an Zeh.

> Wir arbeiten mit ehemaligen Stasi-Leuten zusammen?

Kuschmann winkt ab, blickt wieder konzentriert aus dem Fenster.

**Zeh**      Das ist doch alles Geschichte, Vera. Alles lange her. Und nicht unsere Idee. Es war seine.

Zeh weist mit dem Arm aus dem Fenster.

> Er war's. Er hat ihn bei der Stasi arbeiten lassen.

**Vera**

Wieder an Kuschmann.

> Und Sie?

**Kuschmann** Na ja, ich hab dann natürlich bei denen gearbeitet. Was sollte ich machen?

Vera schüttelt irritiert den Kopf.

Korten knabbert an einem Knäckebrot und krümelt rum. Dabei aber mit starrem Blick auf den Bildschirm.

**Korten**   Wir haben die Wasseruhr!

| | |
|---|---|
| **Vera** | Was? |
| **Zeh** | Gestern ist es uns gelungen, seine Wasseruhr anzuzapfen. |
| **Vera** | |

Etwas höhnisch.

> Na, toll!

Kortens Tastatur jetzt total eingekrümelt.

| | |
|---|---|
| **Korten** | Sehr auffällig. |
| **Vera** | Was? |
| **Korten** | Er verbraucht unglaublich viel Wasser! Unglaublich viel! |

Kuschmann verlässt das Fenster und setzt sich an einen Computer. Er wendet sich an Korten, ohne ihn anzusehen.

**Kuschmann**  Schick mir mal die Nummer der Wasseruhr rüber.

Pause, während Kuschmann tippt.

> Das ist nicht seine Wasseruhr. Das ist die Wasseruhr für das gesamte Haus. Ich schick dir mal die Nummer seiner Wasseruhr rüber.

| | |
|---|---|
| **Korten** | Hast du auch den letzten Zählerstand? |
| **Kuschmann** | Ja, hab ich. |
| **Korten** | Super. |
| **Vera** | Was interessiert uns, wieviel Wasser er verbraucht, Zeh? |

**Zeh** Zunächst interessiert uns alles. Wir sammeln, Vera. Sammeln, sammeln, sammeln. Am Ende wird man sehen, wie sich alles zusammensetzt.

**Vera** Was soll denn am Ende sein? Und wann wird denn das sein?

**Kuschmann**

Ohne vom Monitor aufzublicken.

Ein Profil. Am Ende haben wir ein Profil von ihm … so wie er ein Profil von uns hat.

**Vera** Der hat doch kein Profil von uns. Die Mühe macht der sich doch gar nicht. Der ist doch viel zu faul. Und außerdem könnten wir das outsourcen. Ich kenn hier ne Firma in der Stadt, die ausschließlich Profile von Menschen erstellt. Da bräuchten wir diese ganze Technik hier gar nicht. Das können auch andere für uns erledigen.

**Kuschmann**

Immer noch am Monitor.

Wir sind aber besser.

**Vera** Ach, ja?

**Kuschmann** Wenn wir damals diese Technik gehabt hätten, dann wären wir immer noch da.

**Korten**

Vom Monitor.

Dann wäret Ihr wo?

**Kuschmann**

Vom Monitor.

> Na, dann würde es die DDR immer noch geben. Das ist Fakt.

**Korten**

Vom Monitor.

> Wie, die DDR? Welche DDR?

**Zeh** Unsinn, Kuschmann. Euer Problem war nicht die fehlende Technik. Das gab's auch. Euer Problem war doch ganz einfach, dass Ihr bankrott wart. Staatsbankrott. Und die Sowjets spannten für Euch keinen Rettungsschirm auf. Die waren auch bankrott.

**Kuschmann**

Vom Monitor.

> Das war keine Frage der Ökonomie, sondern der Ideologie.

**Zeh** Ja, die Menschen hatten Euch satt.

**Korten**

Vom Monitor.

> Was jetzt?

**Vera** Schluss damit. Das Ganze hier ist teuer genug. Ich will wissen, wie weit Ihr seid.

**Zeh** Leif, fass' das mal zusammen.

**Korten**

Sieht erstaunt vom Monitor auf.

> Ja, also, männlich, zweiundsechzig, schreibt viel und malt auch ab und zu, verheiratet, zwei männliche Kinder aus einer vorherigen Beziehung, beide erwachsen, gute Kontakte zueinander, verschiedene Berufe …

**Vera**

Erbost.

> Was soll das denn, Zeh? Das wissen wir doch schon alles. So kommt doch niemals Brauchbares zustande.

**Zeh**

Geht beruhigend auf Vera zu, nimmt sie an der Hand und zieht sie vorsichtig zum Fenster.

> Sieh mal, Vera. Da unten sitzt er. Das sind vielleicht fünfzehn Meter von hier. Wir können von hier aus direkt auf seinen Schreibtisch sehen. Wenn er etwas schreibt, mit der Hand, das können wir hier oben auch sehen. Wir haben den komplett im Blick. Nichts entgeht uns. Nichts!

**Vera**

Sieht durch Gardine und Fenster nach unten.

> Aber dafür braucht Ihr doch nicht all diese Technik hier. Das ist doch alles Zeitverschwendung.

**Zeh** Warte ab, Vera. Wir haben noch so einiges. Du wirst erstaunt sein. Mal anders rum, Kuschmann. Erklär' Vera doch mal, welche Möglichkeiten wir haben.

Kuschmann wendet sich vom Monitor ab und dreht sich auf seinem Stuhl Vera zu.

**Kuschmann** Also zunächst mal, hören wir alles, was in der Wohnung gesprochen wird.

Vera verdreht die Augen.

**Vera** Ganz toll. Damit kennen Sie sich ganz bestimmt sehr gut aus.

Kuschmann übergeht Veras Bemerkung.

**Kuschmann** Wir haben die Festnetz- und sogar die Handygespräche.

**Vera** Sag ich doch.

**Kuschmann** In der DDR gab es keine Handys. Dabei ist es kinderleicht, sie anzuzapfen.

Vera wendet sich verzweifelt an Zeh.

**Vera** Findet er es deshalb jetzt schade, dass es in der DDR keine Handys gab?

**Kuschmann** Über das Handy wissen wir immer genau, wo er ist.

**Vera** Wenn er das Handy dabei hat, und wenn die SIM-Karte drin ist, die Ihr kennt.

**Korten**

Vom Monitor.

> Genau!

**Kuschmann**  Wir haben Zugriff auf seine Post und wissen genau, was er im Netz macht.

Vera sieht wieder verzweifelt zu Zeh. Der macht beruhigende Gesten.

**Kuschmann**  Wir kennen quasi seine Krankenakten.

Vera stockt.

**Vera**  Erstaunlich. Wie habt Ihr das geschafft.

**Korten**

Vom Monitor.

> Da gibt es einen Datentransfer zwischen den Krankenkassen und den Apotheken. Da sind wir rein. Also von den Apotheken aus.

**Vera**  Und wie seid Ihr an die Apotheken gekommen?

**Zeh**  Über einen alten dänischen Apotheker, der uns geholfen hat.

**Kuschmann**  Der war richtig glücklich, dass er uns unterstützen konnte.

**Vera**  Und sonst?

**Zeh**

Ein wenig stolz.

> Wir haben seine Kontobewegungen.

| | |
|---|---|
| **Vera** | Ihr seid in seine Bank rein? Wie war das denn möglich? |
| **Zeh** | |

Etwas zurückgenommen.

> Darüber kann ich aus beruflichen Gründen nicht sprechen.

| | |
|---|---|
| **Kuschmann** | Ne ganz brisante Sache. |
| **Vera** | Gut, und was ergibt sich daraus? |
| **Zeh** | Na ja, erst mal nichts Besonderes. |
| **Vera** | Was? |
| **Zeh** | Also, ist alles Durchschnitt. Unauffällig. Wie bei allen anderen eben. |

**Korten**

Vom Monitor.

> Er spielt online Backgammon.

| | |
|---|---|
| **Vera** | Ja, und? |

**Korten**

Vom Monitor.

> Er trinkt jeden Abend Rotwein.

| | |
|---|---|
| **Vera** | Ich auch. Aber was sagt seine Krankenakte darüber oder die Kontobewegung? |
| **Kuschmann** | Nichts. |

**Vera**  Meine Güte, Zeh, das ist doch alles nicht brauchbar.

**Zeh**  Warte ab, Vera. Wir haben bald alle Daten zusammen. Es wird sich schon noch etwas ergeben. Jeder hat da seine Geheimnisse. Wir sind dicht an ihm dran. Dichter als er an uns damals. Das ist sicher. Wir wissen, was er sich im Fernsehen ansieht. Wenn er einkaufen geht, kennen wir seine Einkaufsliste fast schon vor ihm.

**Korten**

Vom Monitor.

Er raucht manchmal Zigarren.

Bedeutungsvoll.

Allein im Garten! Warum macht er das?

Zeh übergeht das.

**Zeh**  Wir wissen, wann er schlafen geht und können genau voraussagen, wann er aufstehen wird. Wir kennen seinen Freundes- und Bekanntenkreis, sogar seine Herzfrequenz, wenn er beim Training auf dem Cross-Trainer steht.

**Korten**  Nicht zuhause. In einem Fitness-Center. Wir zapfen den Cross-Trainer <u>dort</u> an.

**Zeh**  Wir kennen seinen Ebay-Konto, sein PayPal-Konto, seine WhatsApp-Nutzung, seine Interessen bei Google, seine Bücherbestellungen, lesen seine SMS, kennen sein Körpergewicht genau …

**Korten**

Vom Monitor.

> Wir haben seine Waage angezapft. Kennen sogar sein Körperfett.

**Kuschmann** Herr Korten ist Arzt.

**Korten**

Vom Monitor.

> Und Medizininformatiker, um genau zu sein.

**Zeh** … wir können berechnen, wie viele Kilokalorien er am Tag verbraucht und wieviel er zu sich nimmt. Und ich sag Dir, es sind zu viele. Wir kennen seinen Musik-, seinen Farb-, seinen Essensgeschmack, seine Sehgewohnheiten, analysieren Unsicherheiten in seiner Stimme, können seine Mimik lesen, Vera, seine Gesten. Das sind offene Bücher für uns. Er kann uns quasi nichts verbergen.

**Vera** Ja, Zeh, aber welches Ergebnis könnt Ihr wirklich vorweisen?

**Korten**

Vom Monitor.

> Er fährt manchmal schwarz mit der S- und U-Bahn, und er mag Schokolade.

**Vera**

Ironisch.

|  |  |
|---|---|
|  | Das ist allerdings von besonderer Bedeutung. |
| **Kuschmann** | Wir haben jetzt mit der Synthese begonnen. Da werden alle Daten verarbeitet. Die Ergebnisse der Synthesen werden dann selbstständig mit anderen Erkenntnissen abgeglichen. Das haben wir in ein paar Stunden. |
| **Korten** | Halbe Stunde noch. |
| **Zeh** | Wir haben dafür Algorithmen geschrieben, Vera. Die Abgleiche werden natürlich von den Computern gemacht, nicht von uns. Das würde Jahre dauern. |
| **Kuschmann** | Die Algorithmen sind so geschrieben worden, dass sie sich selbst optimieren, sich also ständig verbessern und die Arbeit immer und … |

Jetzt sächselt er.

… auf qualitativ höherem Niveau ohne uns erfolgen kann.

**Zeh** Daraus wird dann sofort ein eigenständiges Ermittlungssystem, Vera. Nichts an diesem Mann wird uns zukünftig verborgen bleiben. Wenn er handelt, dann wissen wir es vor ihm, egal, ob er essen, malen oder Sport machen möchte. Wir wissen es vor ihm. Und damit haben wir ihn überholt. Das wollten wir doch erreichen. Das war doch unser Ziel.

**Vera**

Etwas beruhigter.

|         | Nein, Zeh, nicht ganz. Wir wollten noch mehr. Wir wollten, wenn er schreibt, vor ihm wissen, was er schreiben wird. Wir wollten in seinen Kopf. Wir wollten wissen, was er denkt, bevor er denkt. |
|---------|---|
| **Zeh** | Aber das werden wir, Vera. Recht bald. Bevor er beginnen wird, etwas zu schreiben, werden wir schon wissen, was es sein wird. Lass die Computer nur machen. Er wird uns nun nicht mehr entkommen. Keine Überraschungen mehr. |
| **Kuschmann** | Und dann können wir noch weiter gehen. Es ist unglaublich, welche Möglichkeiten sich da auftun. |
| **Zeh** | Wenn wir wollen, Vera, nur wenn wir wollen. Wir könnten sogar <u>noch</u> weiter gehen. Wir könnten ihn dann tatsächlich animieren, das zu tun, was wir wollen, das zu schreiben, was wir für richtig halten. Das erledigt ein Reiz-Reaktions-Programm für uns. Haben wir schon installiert. Wir werden ihn quasi programmieren können. Ganz sicher. Warte nur ab. |
| **Vera** | Werden wir ihn auch dazu bringen können, etwas zu vernichten, was er zuvor geschrieben hat oder es zumindest umzuschreiben? |

Korten blickt vom Monitor auf. Alle sehen Vera an. Zeh nickt.

| **Zeh** | Genau so wird es kommen. |
|---------|---|
| **Vera** | Dann wären wir tatsächlich am Ziel. Warten wir's ab. Ich muss jetzt wieder los. |

Kuschmann tritt zu Vera und Zeh näher ans Fenster heran und sieht hinunter.

**Kuschmann** Mist, er verlässt das Haus.

**Zeh** Warum erfahren wir das erst jetzt?

**Korten**

Vom Monitor.

> Er hat das Handy zuhause gelassen.

**Kuschmann** Er überquert die Straße.

**Vera** Ich geh mal.

Tippt zum Abschied gegen die Wackelkatze.

> Was soll die denn hier? Die nervt doch nur.

**Kuschmann** Ablenkung. Wenn sich am Fenster immer etwas bewegt, bemerkt er unsere Bewegungen nicht.

**Vera**

Höhnisch.

> Meine Güte, wart Ihr gut.

Alle blicken auf die Straße, sehen aber niemanden mehr. Vera von der Tür aus:

**Vera** Was ist denn mit den Kameras und Mikrofonen in seiner Wohnung? Haben die Euch jetzt gar nichts genutzt?

Korten beißt in sein Knäckebrot und krümelt auf die Tastatur.

**Kosten** Keine Ahnung!

Vera öffnet die Tür zum Gehen.

**Vera** Macht's gut. Da bleibt wirklich noch viel Arbeit.

**Zeh** Wir sind bald am Ziel.

**Korten**

Vom Monitor.

>Höchstens noch ne halbe Stunde.

**Kuschmann**

Vom Fenster.

>Die Programme laufen. Das ist Fakt.

## 2. Akt

Innen. Gleicher Raum. Die Tür wird aufgerissen. Vera tritt erregt herein.

**Vera**  Er kommt das Treppenhaus herauf. Bin ihm fast in die Arme gelaufen.

Kuschmann geht zu Vera, schließt leise die Wohnungstür und verriegelt sie.

**Kuschmann**  Vielleicht hat er hier Bekannte im Haus.

**Vera**  Wie, vielleicht.

Vera wendet sich an Zeh.

Das müsstet Ihr doch wissen.

Zeh wendet sich an Korten.

**Zeh**  Was ist? Kennt er hier jemanden im Haus?

**Korten**

Vom Monitor.

Nicht dass ich wüsste.

**Vera**  Nicht das ich wüsste?

Die Tür öffnet sich. Der Autor tritt mit einer brennenden Zigarre ein.

**Autor**  Guten Tag.

**Vera**  Wer sind Sie denn. Sie können hier nicht so ohne weiteres hereinplatzen.

Kuschmann ist irritiert.

**Kuschmann**  Die Tür war verschlossen.

**Autor**  Oh, entschuldigen Sie. Mein Fehler.

Zeh geht etwas bedrohlich auf den Autor zu.

**Zeh**  Das ist privat hier.

Autor geht durch eine Rauchwolke freundlich auf Zeh zu.

**Autor**  Oh, entschuldigen Sie nochmals. Ich wusste nicht, dass das hier privat ist.

**Zeh**  Ja, allerdings.

**Autor**  Mein lieber Herr Conrad. Sammeln Sie immer noch wertvolle und seltene Füllfederhalter?

Zeh ist irritiert.

**Zeh**  Ja!

**Autor**  Schön. Passen Sie gut auf sie auf.

Autor sieht sich im Raum um.

**Autor**  Was für eine Technik hier! Warum all dieser Aufwand?

Autor erkennt plötzlich Kuschmann.

**Autor**  Rainer Mewes! Oder heißen Sie hier Michael Seidler, Herr Kapitänleutnant?

**Vera**  Was?

**Autor**  Das wussten Sie nicht, Frau Vermehren. Na ja, das war ja auch vor Ihrer Zeit. Dieser Spezialist für die elektronische Aufklärung des MfS hatte den Rang eines Kapitänleutnants. Weil ich die Uniform so schick fand. Als Heeresoffizier hätte er nicht so gut ausgesehen.

Kuschmann wendet sich an den Autor.

**Kuchmann**  Hören Sie, das ist ein Missverständnis

**Zeh**  Ja, das ist alles ein großes Missverständnis.

**Autor**  Was jetzt?

Kuschmann zeigt mit dem Arm in den Raum.

**Kuschmann**  Das alles hier.

**Autor**  Mewes und Zeh sind nie Opfer irgendwelcher Missverständnisse. Schon vergessen? Sie entscheiden frei aller Emotionen auf streng rationaler Basis. Sie tun nur das, was Sinn macht. Abgesehen von Ihren kleinen Liaisons mit Kan Oonka.

Kuschmann und Zeh sehen sich erstaunt an.

Zeh wendet sich an Kuschmann.

**Zeh**  Sie hatten mit ihr ein Verhältnis? Das hätten Sie mir berichten müssen.

**Kuschmann**  Wieso? Also ein Verhältnis, nee.

Autor wendet sich an Zeh.

**Autor**  Herr Mewes war damals nicht imstande, jemanden wirklich zu lieben.

Autor wendet sich an Kuschmann.

Können Sie es heute?

**Korten**     Wie?

Kuschmann dreht sich weg.

Autor wendet sich wieder an Zeh.

**Autor**     Da sind Sie sich gleich, Mewes und Sie.

Zeh sieht den Autor mit erstauntem Blick an.

**Autor**     Wie sagte Ihre Tochter damals, Herr Conrad: Warum soll man Gefühle steuern? Warum soll man sie nicht zeigen, wenn sie sich äußern wollen? Warum immer alles nur vom Kopf aus? Da macht man sich ja zum Maschinenmenschen.

Erinnern Sie sich noch, Herr Conrad?

**Zeh**     Lassen Sie meine Tochter da raus.

**Autor**     Ja, gerne.

Vera geht auf den Autor zu.

**Vera**     Entschuldigen Sie mal. Was soll das hier alles?

**Autor**     Ach, Vera. Sie verstehe ich wirklich gut. Das meine ich ehrlich. Ich verstehe eigentlich auch, warum Sie und die anderen hier sind. Und besonders für Sie habe ich immer eine große Sympathie empfunden, Vera. Trotzdem - auch Sie können nicht einfach die Geschichte ändern. Das kann niemand von Ihnen. Und ich auch nicht.

**Vera**     Sie könnten schon etwas umschreiben, wenn Sie nur wollten.

**Autor**  Nein, Vera, das kann ich nicht. Ist so 'n Prinzip von mir. Was geschrieben ist, ist geschrieben. Nun verlangen Sie aber, dass ich das Prinzip für Sie ändere? Das geht nicht.

Vera reagiert erbost.

**Vera**  Was wissen Sie denn, was ich will. Häh! Was will ich denn?

**Autor**  Na ja, so einiges. Ziemlich viel sogar, würde ich sagen.

**Kuschmann**  Was will sie denn?

**Vera**  Halten Sie sich da raus.

**Korten**  Würde mich aber eigentlich auch interessieren.

Er empfängt einen bösen Blick von Vera.

**Autor**  Jeder hat natürlich erst mal einen zentralen Wunsch, etwas an der Geschichte zu ändern. Aber da lässt sich nichts ändern. Weil es nun mal schon vorhanden ist. Man kann es nicht mehr verschwinden lassen.

Vera reagiert aggressiv.

Vera  Das ist Unsinn. Sie haben ja keine Ahnung, was alles möglich ist, um das Vorhandene verschwinden zu lassen.

Pause.

Was wollen Sie eigentlich hier? Wollten Sie uns hier irgendwas mitteilen? Wir warten!

Autor hüllt sich in eine unangenehme Rauchwolke ein.

**Autor** Es ist sehr einfach. Sie, Vera, wollen Ihren Vater so erhalten, wie Sie ihn kannten. Ein besonnener und guter Mensch. Nicht der Mensch, zu dem er wurde. Ein Mann, der dann auch noch verschwindet, verschollen bleibt. Und Sie, Vera, wollten natürlich auch nicht so kläglich sterben.

Zeh wendet sich an Vera.

**Zeh** Sie sind verstorben?

Autor pafft weiter vor sich hin.

**Autor** Und Sie, Zeh. Für Sie muss es am schlimmsten gewesen sein, dass Ihr Plan mit Frau Silverstein irgendwie aufging, dass Sie aber dennoch versagt haben, sogar erpressbar wurden.

Autor wendet sich an Kuschmann.

Und Sie, Mewes oder Kuschmann oder Seidler, Sie wollten sich weiter in einer Ihrer neuen Identitäten aufhalten, ein unauffälliges, aber teures Leben führen und heimlich von Kan Oonka träumen. Und sehen Sie sich an, was aus Ihnen schon wieder geworden ist, was Sie hier gerade machen.

Schweigen.

**Korten** Und ich?

**Autor** Wer sind Sie noch mal?

Korten regiert sehr eilfertig.

**Korten**    Leif Korten, Arzt und Medizininformatiker. Ich habe bei EcoPlan gearbeitet und Herrn Hölstenberger einen wichtigen Hinweis geben können …

Autor pafft ihn an.

**Autor**    Ich erinnere mich jetzt tatsächlich an Sie. Sie sind das mit dem Knäckebrot. Der Computer-Nerd. Tja, Herr Korten. Ich glaube, Sie wollten eigentlich eher eine tragende Rolle, die Ihnen aber versagt blieb.

Korten dreht sich wieder zum Monitor.

**Vera**    Was Sie da für einen Unsinn zusammenreden. Es ist wirklich unglaublich.

**Zeh**    Ja, wirklich. Unverschämt ist das. Kommen hier in eine Privatwohnung und reden wirres Zeug. Sie sollten gehen, bevor wir die Polizei rufen.

**Autor**    Bitte, falls Sie bei der Polizei anrufen, könnten Sie vielleicht Backe Tetens verlangen.

**Zeh**    Kenn ich nicht.

**Autor**    Ach? Ich könnte das für Sie arrangieren.

Zeh winkt ab.

**Autor**    Sehen Sie, Sie haben hier in diesem Raum einiges zusammengetragen, um offensichtlich gegen mich zu ermitteln …

**Kuschmann**    Wie wollen Sie das denn wissen?

Autor sieht Kuschmann etwas mitleidig an.

Zeh mischt sich etwas zögerlich ein.

**Zeh** Das kann er möglicherweise schon wissen.

**Kuschmann** Wieso?

**Zeh** Weil er das möglicherweise geschrieben hat.

**Vera** Haben Sie das geschrieben?

**Korten**

Vom Monitor.

Wie soll das denn gehen?

Vera wendet sich an Korten.

**Vera** Jetzt versteh ich s. Er hat doch auch die Geschichten geschrieben. Also kann er möglicherweise auch das hier geschrieben haben.

Vera wendet sich wieder an den Autor.

Also haben Sie das hier auch geschrieben oder nicht? Diese Information könnte wichtig sein für uns.

**Korten**

Vom Monitor.

Das alles? Auch das mit der Wasseruhr?

**Vera** Das mit der Wasseruhr ist jetzt doch mal Wurscht.

**Autor** Dass Sie gestern die falsche Wasseruhr angezapft haben?

Pause. Korten dreht sich vom Monitor zum Autor.

> Zum Beispiel.

Pause.

> Herr Korten, auch in dieser Geschichte haben Sie keine tragende Rolle.

Korten wendet sich an die anderen.

**Korten**  Das bedeutet doch, dass er in unsere Ermittlungen eingegriffen hat.

**Kuschmann**  Ja, das bedeutet es. ... Irgendwie.

Zeh blickt Vera verzweifelt an.

**Zeh**  Oder dass er sogar unsere Ermittlungen leitet?

**Kuschmann**  Was?

**Korten**  Die Ermittlungen gegen ihn selbst?

**Vera**  Die Ermittlungen gegen ihn selbst.

**Korten**  Dann würden wir hier ein Profil für ihn selbst erstellen?

**Autor**  Na ja, günstiger könnte ich es nicht bekommen.

**Korten**  Stimmt.

**Kuschmann**  Noch mal etwas genauer: Alles, was wir hier getan haben, hat er uns sozusagen tun lassen?

**Vera**  Ja, Herr Kuschmann. Das ist anders als bei Ihnen damals. Daran müssen Sie sich wohl erst noch gewöhnen.

| | |
|---|---|
| **Kuschmann** | Allerdings. Das ist noch einen Zacken schärfer als bei uns. |
| **Autor** | Vielleicht habe ich es mir ja auch etwas zu leicht gemacht. Ich hätte ja auch ein anderes Kaliber in die Ermittlungen einbeziehen können. Zum Beispiel Otto Elmer. Dann wäre das hier schwieriger für mich geworden. |
| **Kuschmann** | Smuel Kolscynski ist doch tot. |
| **Zeh** | Mensch, Kuschmann, Vera ist doch auch tot. |
| **Vera** | Stimmt. |
| **Kuschmann** | Dann hätte Kolscynski an den Ermittlungen teilnehmen können? |
| **Autor** | Natürlich. Aber der Stasi-Proporz wäre mir unausgeglichen vorgekommen, verstehen Sie. Das ist ja keine Geschichte aus den Achtzigern. |
| **Korten** | Ich verstehe überhaupt nichts mehr. |
| **Zeh** | Vielleicht können Sie uns jetzt mal erklären, wie es weitergehen soll. Dieses Gespräch ist ja sehr anregend, für Sie offensichtlich sogar amüsant, wenn auch für einige einiges unverständlich bleibt. |

Zeh sieht dabei zu Korten.

Aber wie soll es nun weitergehen?

| | |
|---|---|
| **Autor** | Das weiß ich eigentlich auch nicht. Wissen Sie, ich gehöre ja eher zu den Autoren, die sich auf ihre Fantasie <u>während</u> des Schreibens verlassen. Sie |

| | würden wahrscheinlich planvoller vorgehen, Herr Conrad. Sie wohl auch, Mewes. |
|---|---|
| **Kuschmann** | Kuschmann. |
| **Zeh** | Ja, er heißt jetzt wieder Kuschmann. |

Pause. Der Autor zündet sich die erloschene Zigarre nochmals an.

| | |
|---|---|
| **Zeh** | Denken Sie gerade nach, wie es weitergehen soll? |
| **Vera** | Dann lass ihn doch einen Augenblick in Ruhe. |
| **Autor** | Vielen Dank, Vera. |
| **Kuschmann** | Wir könnten alle Daten löschen, alles ordentlich einpacken, mitnehmen, abschließen und fertig. |
| **Autor** | Nee, nee, das erinnert mich zu sehr daran, wie Sie und Ihre Kollegen 89 Ihre Dienststellen verlassen haben. |
| **Zeh** | Ja, genau. Und jeder erhält eine neue Legende. Das kann man so nicht wiederholen. |
| **Vera** | Lasst ihn doch mal in Ruhe nachdenken. |

Autor pafft und denkt nach.

| | |
|---|---|
| **Korten** | Wir könnten alles so lassen und gegen jemanden anderen ermitteln. |

Vera und Kuschmann winken ab.

| | |
|---|---|
| **Zeh** | Warum denn, Korten? Einfach nur so? Das macht doch keinen Sinn. |

Autor nimmt die Wackelkatze und wirft sie endlich in einen leeren Karton.

**Vera** Das Teil nervt.

**Zeh** So jedenfalls geht es nicht weiter. Da muss noch was Neues her. Eine Überraschung wäre gut. Etwas Unerwartetes. Eine Wende.

**Kuschmann** Wie? Eine Wende?

Vera verdreht dabei die Augen. Autor tritt gegen den Karton mit der Wackelkatze.

**Autor** Mir fällt nichts ein. Machen wir einfach Schluss. Es ist nun mal eine schlechte Geschichte. Brechen wir sie ab. Nicht alles gelingt. Ich hätte doch Kolscynski dazu nehmen sollen.

**Zeh** Na, ich weiß nicht.

**Kuschmann** Also doch alle Daten löschen, alles ordentlich einpacken, mitnehmen, abschließen und fertig?

**Autor** So wie bei Ihnen damals, ja.

Alle stehen auf.

## 3. Akt

Innen, EcoPlan, Sitzungssaal. Alle sitzen um einen großen Tisch herum.

Zeh wendet sich an den Autor.

**Zeh** Was ist denn das hier?

**Autor** Oh, entschuldigen Sie. Können Sie ja nicht kennen. Das war nach Ihnen. Es ist der Besprechungsraum von EcoPlan, der Firma von Frau Vermehren.

Autor zeigt auf Vera. Vera wendet sich daraufhin an den Autor.

**Vera** Das war wirklich eine schöne Idee von Ihnen. Vielen Dank. Ich hätte nicht gedacht, noch einmal hierher zu kommen.

Autor nickt vor sich hin und öffnet eine Keksdose. Korten zeigt an die Wand.

**Korten** Und dort hängt immer noch das Bild Ihres Vaters, Frau Vermehren.

**Vera** Tatsächlich. Das Bild, das Sachmann von meinem Vater gemalt hat. Ich hatte es ganz vergessen.

**Autor** Sie hatten es ja auch nie wirklich wahrgenommen.

**Vera** Wie meinen Sie das?

**Autor** Ach, lassen wir das.

**Zeh** Und was machen wir hier?

| | |
|---|---|
| **Autor** | Wir suchen ein Ende der Geschichte, eine Art Auflösung, etwas, auf das alles zugelaufen sein sollte. |
| **Zeh** | Also, echt jetzt mal. Sie haben das alles einfach so laufen lassen. Sie müssen doch irgendwie gewusst haben, wohin das alles laufen wird. |
| **Autor** | Nö. Vielleicht kann uns einer von Ihnen helfen. Sie müssen doch selbst spüren, wie unwohl einem ist, wenn die Geschichte ohne Ende bleibt. |
| **Vera** | Ja, man fühlt sich so unfertig. |
| **Kuschmann** | So richtig verloren. |
| **Vera** | So verlassen, ja… |
| **Kuschmann** | Nahezu unnütz. Gerade eben mal so geduldet. |
| **Zeh** | Irgendwie benachteiligt auch. |
| **Autor** | Jetzt reicht's aber. |
| **Korten** | Ich hätte da vielleicht eine Idee. |
| **Autor** | Nee, Sie nicht. |
| **Kuschmann** | Nun lassen Sie ihn doch mal. |
| **Korten** | Eigentlich müssen wir doch gar nicht darüber nachdenken, wie es weitergehen kann. |

Vera verdreht die Augen. Autor schaut genervt zu Korten. Zeh schüttelt verzweifelt den Kopf.

| | |
|---|---|
| **Autor** | Sie, Herr Korten, haben auch hier nicht die Rolle, über irgendwas nachzudenken. |

| | |
|---|---|
| **Kuschmann** | Aber möglicherweise hat er Recht. |
| **Zeh** | Bitte, Herr Kuschmann, das macht keinen Sinn. Natürlich müssen wir darüber nachdenken, wie es weitergehen kann. Daran haben wir alle grosses Interesse. Keiner will so hängen gelassen werden. |
| **Kuschmann** | Das ist doch nicht unsere Aufgabe. Er hat die Geschichte begonnen. Er soll sie auch beenden. |

Vera wendet sich an den Autor.

| | |
|---|---|
| **Vera** | Eigentlich ist es sogar verantwortungslos, eine Geschichte zu beginnen ohne zu wissen, wie sie beendet wird. Ich meine, dass ist doch nicht nur Ihr Problem. Da hängen auch noch andere mit drin. |
| **Korten** | Ja, ist irgendwie unsozial, finde ich. |
| **Kuschmann** | Vielleicht ist es ja so, dass sich die Geschichte von selbst auflöst. |
| **Korten** | Das meine ich doch. Sie löst sich auf, ohne unser Zutun, könnte man sagen. So ganz von selbst. Und alle sind zufrieden. |
| **Autor** | Das habe ich noch nie erlebt. Nie sind alle zufrieden. Und man muss sich immer das Ende einer Geschichte ausdenken. Anders kommt es nicht zustande. |

Autor wendet sich an Korten.

Hallo, sonst geht sie nämlich nicht zu Ende. Von selbst geht gar nichts.

**Korten** In diesem Fall, also in diesem speziellen Fall vielleicht doch. Die Ermittlungen gegen Sie werden einfach weitergeführt.

**Kuschmann** Ohne Ihr Zutun.

Vera wendet sich an Kuschmann und Korten.

**Vera** Hören Sie doch mal auf, hier in Rätseln zu reden.

**Zeh** Warte mal, Vera. Ich glaube, ich verstehe, was die beiden meinen. Wir haben doch die Algorithmen geschrieben.

**Korten** Genau. Das Ermittlungssystem steht doch schon. Die Computer haben sich verbunden. Die Software wird ständig optimiert.

**Kuschmann** Und das Reiz-Reaktions-Programm kann jederzeit einsetzen.

**Autor** Und das bedeutet jetzt was?

**Vera** Dass die Ermittlungen gegen Sie fortgesetzt werden. Und zwar ohne Ihren Einfluss darauf. Und dass wir von nun ab wissen, was Sie schreiben werden, bevor Sie es schreiben werden.

**Zeh** Und dass wir beeinflussen können, was Sie schreiben, nicht schreiben, streichen oder verändern werden. Das ist sozusagen automatisiert.

Autor zündet sich seine erloschene Zigarre wieder an.

| | |
|---|---|
| **Autor** | Da vergessen Sie allerdings eine Kleinigkeit. Ich schreibe, dass das Ermittlungssystem läuft. Ich schreibe das und kann es beeinflussen, nicht Sie. |
| **Kuschmann** | Aber wir haben auch geschrieben. Wir haben die Algorithmen geschrieben. Und was geschrieben ist, ist geschrieben. |
| **Autor** | Ich kann die Algorithmen ändern. |
| **Kuschmann** | Erstens ändern Sie nichts … |
| **Korten** | Und zweitens: Sie können zwar schreiben. Aber Algorithmen nicht. Und Sie wissen auch nicht, wie man sie ändert. |
| **Autor** | Ich könnte sie löschen. |
| **Zeh** | Tun Sie nicht – aus Prinzip. |
| **Autor** | Stimmt. Aber ich könnte die Geschichte immer weiter schreiben, immer weiter … |
| **Korten** | Nicht nötig. Sie wird von selbst immer weiter gehen. Ohne Ihren Einfluss. |
| **Kuschmann** | Und Sie werden gar nichts mehr schreiben, was Ihrem Einfluss unterliegt. Die Geschichten, die Sie noch schreiben werden, kommen nun aus anderen hervor, aus Computerprogrammen. |
| **Vera** | Aber wie Hölstenberger immer sagte, liegt in jeder Niederlage auch eine Chance. Man muss sie nur erkennen und wahrnehmen. Bisher waren Ihre Geschichten ja mal gerade so … |

Vera macht eine schwankende Bewegung mit ihrer Hand.

| | |
|---|---|
| **Korten** | Ja, sie waren gerade mal so … |
| **Zeh** | Sie waren nicht schlecht. Es fehlte vielleicht noch ein wenig am kreativen Schreibstil. Aber sie waren spannend geschrieben. So ein wenig wie aus einem Guss. |
| **Kuschmann** | Oft zu viele und zu komplizierte Namen der Akteure allerdings. |
| **Vera** | Ja, und man weiß auch nicht so genau, in welche verlegerische Nische sie gerade passen. Es muss ja Futter für die Öffentlichkeitsarbeit eines Verlages geschaffen werden. |
| **Zeh** | Und mit Ihnen als Person, entschuldigen Sie, für die Öffentlichkeitsarbeit sind Sie auch nicht gerade brauchbar. |
| **Autor** | Wie meinen Sie das denn jetzt? |
| **Vera** | Ich meine Ihre Erscheinung. Also werbewirksam sehen Sie nun gerade nicht aus. |

Vera wendet sich an die anderen.

> Meint Ihr nicht auch?

Alle nicken.

> Also wenn man schon so alt ist wie Sie, dann müsste so etwas wie ein Flair eines Schriftstellers von Ihnen ausgehen. Aber sie wirken irgendwie blass.

**Korten**  Und insgesamt sind Ihre Geschichten auch immer zu politisch. Mehr Poesie wäre besser gewesen.

**Vera** Aber das ändert sich ja nun. Die Programme optimieren sich ständig.

**Kuschmann** Da geht es ständig auf eine qualitativ höhere Ebene. Auf Höhen, die Sie so als normal Schreibender niemals erreicht hätten. Seien Sie also froh. Besser könnte es für Sie doch eigentlich gar nicht laufen.

**Autor** Ja, aber ich kann nicht mehr schreiben, was ich möchte und wie ich es möchte.

**Korten** Das ist natürlich ein Nachteil, ja. Aber Sie müssen das mit den Vorteilen abwägen. Da stellt sich doch ein eindeutig positives Urteil dar.

**Zeh** Und unsererseits erübrigen sich dann auch die persönlichen Ermittlungen gegen Sie. Damit findet die Geschichte doch ein befriedigendes Ende.

**Kuschmann** Das ist Fakt.

www.ingramcontent.com/pod-product-compliance
Lightning Source LLC
Chambersburg PA
CBHW070722180526
45167CB00004B/1578